Ordnung braucht nur der Dumme, das Genie beherrscht das Chaos.

Albert Einstein

Die Phantasie arbeitet in einem schöpferischen Mathematiker nicht weniger als in einem erfinderischen Dichter.

Jean Baptiste le Rond d'Alembert

Die Mathematik als Fachgebiet ist so ernst,
daß man keine Gelegenheit versäumen sollte,
dieses Fachgebiet unterhaltsamer zu gestalten.

Blaise Pascal

 tredition®

Impressum:

© 2015 by Christa Muths

Image Cover u. Illustrationen:
Maria Gandolfo – https//www.fiverr.com/renflowergrapx
Maria Gandolfo, Renflowergrapx

 Maria Gandolfo

Korrektorat/Satz/Umschlaggestaltung:
Angelika Fleckenstein, spotsrock.de

Verlag: tredition GmbH, Hamburg

ISBN: 978-3-7323-3177-2 (Paperback)
978-3-7323-3178-9 (Hardcover)
978-3-7323-3179-6 (e-Book)

Bibliografische Information der Deutschen Nationalbibliothek: Die Deutsche Nationalbibliothek verzeichnet diese Publikation in der Deutschen Nationalbibliografie; detaillierte bibliografische Daten sind im Internet über http://dnb.d-nb.de abrufbar.

Christa Muths

Geo Poesie

Mathematik grenzenlos

- quergedichtet -

Über die Autorin:

Christa Muths, geborene Rheinländerin, wurde als Kind ein „lebendiges Fragezeichen" genannt und betrachtete die Welt und ihre Wunder als unendlichen Raum zum Entdecken und Erforschen. Diese Fähigkeit, anders hinzuschauen, hat sie im Laufe ihres Lebens nicht verloren. Ihre vielschichtige Berufserfahrung als gelernte Köchin, Verwaltungsinspektorin, studierte Sozialarbeiterin, Sozialwissenschaftlerin, Lektorin, Institutsleiterin sowie als Schriftstellerin und Autorin schufen eine wahre Schatzkammer, aus der sie schöpfen kann. Ihre internationalen Erfahrungen sowohl beruflicher wie auch privater Natur förderten ihre Neugierde und eröffneten ihr immer wieder neue Türen.

Sie ist nicht nur bereit, neue Wege zu beschreiten, sie erfreut sich an der spielerischen Natur der Dinge und der Menschen.

Danksagung:

An dieser Stelle möchte ich mich bei all denjenigen bedanken,

die mich bei meinen verrückten Ideen,

Alltagssymbole lebendig zu machen,

unterstützt haben, wie Maria Gandolfo und Robin Muths.

Besonderen Dank gehen an

Brigitte Hardt und Angelika Fleckenstein.

An Brigitte, da sie unermüdlich mit erweiterten Ideen

den Prozess unterstützt hat.

An Angelika Fleckenstein,

die als Lektorin fest an den Wert

der ausgefallenen Ideen glaubt,

die zum Nachdenken anregen

und neues Licht auf Alltagszusammenhänge werfen.

Zitate berühmter Mathematiker und anderer Wissenschaftler zum Thema

„Zwei Dinge sind unendlich, das Universum und die menschliche Dummheit,
aber bei dem Universum bin ich mir noch nicht ganz sicher."

Albert Einstein

„Die Mathematik ist eine Art Spielzeug, welches die Natur uns zuwarf zum Troste und zur Unterhaltung in der Finsternis."
Jean-Jacques Rousseau

Insofern sich die Sätze der Mathematik auf die Wirklichkeit beziehen, sind sie nicht sicher,
und insofern sie sicher sind, beziehen sie sich nicht auf die Wirklichkeit.
Mathematische Theorien über die Wirklichkeit sind immer ungesichert -
wenn sie gesichert sind, handelt es sich nicht um die Wirklichkeit.
Albert Einstein

Die Mathematik handelt ausschließlich von den Beziehungen der Begriffe zueinander
ohne Rücksicht auf deren Bezug zur Erfahrung.
Albert Einstein

So kann also die Mathematik definiert werden als diejenige Wissenschaft,
in der wir niemals das kennen, worüber wir sprechen,
und niemals wissen, ob das, was wir sagen, wahr ist.
Bertrand Russell, 1872-1970, engl. Philosoph

Die Mathematik gehört zu jenen Äußerungen menschlichen Verstandes,
die am wenigsten von Klima, Sprache oder Traditionen abhängen.
Ilja Ehrenburg, 1891-1967, russ.-sowjet. Schriftsteller

Die sogenannten Mathematiker von Profession haben sich
auf die Unmündigkeit der übrigen Menschen gestützt,
einen Kredit von Tiefsinn erworben,
der viel Ähnlichkeit mit dem von Heiligkeit hat,
den die Theologen für sich haben.
Georg Christoph Lichtenberg

Mathematik ist die perfekte Methode, sich selbst an der Nase herumzuführen.
Albert Einstein

Mathematik ist die exakteste Wissenschaft,
und ihre Schlußfolgerungen sind absolut beweisbar.
Das ist jedoch nur deshalb so, weil die Mathematik nicht versucht,
absolute Schlußfolgerungen zu ziehen.
Charles Proteus Steinmetz

Mathematik ist Religion. Die Mathematiker sind die einzig Glücklichen.
Wer ein mathematisches Buch nicht mit Andacht ergreift und es wie Gottes Wort liest, der versteht es nicht.
Novalis

Manche Errungenschaften der neuesten Mathematik wirken wie Scherze der Definition.
Es ist, als sage man etwa: Die Ebene ist eine Grube von unbegrenzter Flachheit.
Oder: Die Gerade ist eine ins Streckbett verbannte Kurve.
Oder: Gegenwart entsteht, indem man der Zukunft vorenthält,
was man der Vergangenheit wegnimmt.
Martin Kessel

Die Statistik ist das Märchen der Vernunft.
Martin Kessel

Unsere Unendlichkeit besteht jedoch aus unendlich vielen Endlichkeiten,
DENN:
Wir haben in der nicht-fassbaren Unendlichkeit einen Platz gefunden,
der mit unserer Endlichkeit die Unendlichkeit vorstellbar macht
und damit ein Lichtblick für unsere Vergänglichkeit ist.
Christa Muths

Vorwort:

Als Schülerin stand ich mit Mathematik und Geometrie stets auf dem Kriegsfuß und mit einem Bein kurz vor der Nicht-Versetzung ins nächste Schuljahr eben deswegen... -

Als Christa Muths mir ihre Idee von Gedichten über geometrische Symbole und Mathematik vorstellte, war ich nur kurz erstaunt, dann recht schnell begeistert und außerordentlich neugierig, wie das gehen könnte. Beim Lesen ihres Manuskripts faszinierte mich dann ihre Betrachtungsweise insbesondere durch das grenzenlose Denken, das jeden Winkel der Objekte mit Licht erfüllen will. Schnell war ich Feuer und Flamme für dieses außergewöhnliche Experiment und schenkte Christa Muths meine Unterstützung für die Satzarbeit an diesem Buch, die ebenso quergedichtet ist wie die Poesie. Die gemeinsame Arbeit an diesem Buch mit noch weiteren Beteiligten war erstklassiges Teamwork über Ländergrenzen hinweg.

Mathematik und Geometrie sind weitaus mehr als reine Berechnung, so meine Erkenntnis heute. Ein neues Bewusstsein, würde ich sagen, für das, was mich täglich umgibt, mit dem ich täglich in irgendeiner Weise Umgang habe, ohne dass ich bisher darüber nachgedacht habe. Christa Muths' „Geo Poesie" hat meine Sichtweise auf die Dinge erneuert, geradezu erfrischt. Die poetischen Beschreibungen zu geometrischen Formen sind so herrlich frei, leicht und unkompliziert. Deshalb sich sie sogar verständlich für Kinder, wenn Eltern und Pädagogen ihnen dies altersgerecht auf Basis der „Geo Poesie" vermitteln.

Ich bin sicher, wenn es dieses Buch schon zu meinen Kinder- und Jugendtagen gegeben hätte und meine Eltern und Lehrer mir trockene Mathematik und Geometrie auf diese poetische und gleichsam spielerische Weise nahegebracht hätten..., das mit dem Kriegsfuß wäre nie ein Thema gewesen.

Angelika Fleckenstein
Troisdorf, im März 2015

Einführung

Mathematik, die Sprache des Universums

Ein persönlicher Ausflug ins Mathematikverständnis unterschiedlicher Kulturen

Die Mathematik gilt als die zuverlässigste und genaueste aller Wissenschaften, mit der man das Universum erklären und verstehen kann. Die Geometrie ist ein Zweig der Mathematik; wörtlich übersetzt bedeutet dies: Vermessung der Erde. Es handelt sich bei der Geometrie also um die Technik des Vermessens. Um eine gerechte Einteilung von Ländereien erreichen zu können, wurden Konzepte einfacher geometrischer Formen wie Rechtecke, Quadrate und Dreiecke aus der Natur genommen, wie z.B.: ein Stein, der ins Wasser fällt bildet Kreise, Baumstämme gleichen Zylindern.

Nach bisherigen Erkenntnissen entstand ca. 6.000 v. Chr. im alten Ägypten die Notwendigkeit, zu zählen und zu messen. Sie entwickelten ein binäres Zahlensystem und konnten damit rechnen. Sie berechneten auch Brüche und konnten die Fläche des Kreises bestimmen. Die Pyramiden zeigen die hohe Entwicklung der Mathematik in der ägyptischen Kultur. Diese wurden schon nach dem Prinzip des Goldenen Schnitts konstruiert.

Um ca. 2.000 v.Chr. beschäftigten sich die Babylonier mit der Beschreibung von Dreiecken und deren Eigenschaften. Ihr Zahlensystem unterschied sich von dem der Ägypter, denn es basierte auf der Zahl 60 und nicht wie bei den Ägyptern auf der Zahl zwei oder wie bei uns auf der Zahl 10.

Die Babylonier brauchten für ihr Sexagesimal-System (so nennt man das 60er System) nur 2 Zahlzeichen.

Um 300 v.Chr. beschäftigten sich die alten Griechen intensiv mit Zahlen und Geometrie. Berühmte griechische Mathematiker wie Pythagoras, Euklid und Archimedes überlieferten uns z.B. die Berechnung von Flächen und Volumen, die Kreiszahl Pi.

Die Maya, ein hochentwickeltes Volk in Mittelamerika werden hierzulande in kaum einem Geschichtsbuch zur Mathematik erwähnt. Dabei war ihr Zahlen- und Rechnungssystem hochentwickelt und dem unseren in vielen Punkten um Hunderte von Jahren voraus. Das Zahlensystem der Maya beruht auf der Basis der Zahl 20. Das, so erklärten mir alte Maya-Häuptlinge, basiert auf dem Häutungszyklus der Klapperschlange, die sich alle 20 Tage häutet. Die Bruchrechnung wurde bei den Maya nicht angewandt. Sie benutzten ihre mathematischen Fähigkeiten zu genauesten astronomischen Berechnungen sowie beim Erstellen ihres Kalenders, welcher damals der genaueste seiner Zeit war.

0	1	2	3	4
5	6	7	8	9
10	11	12	13	14
15	16	17	18	19

In der westlichen Welt stellten die Schriften von Euklid, ein Schüler Platons, „Die Elemente" in Definitionen, Axiomen und Postulaten zusammen, was man damals über Geometrie wusste. Durch den Einfluss von Platon wurde die Geometrie zu einem vornehmen und ästhetisch vollkommenen Denksport. Über mehr als 2.000 Jahre hinweg waren die Thesen von Euklid das einzig akzeptierte geometrische System, der klassische Weg, Geometrie zu verstehen. Es schien unvorstellbar, dass es auch andere geometrische Systeme geben könnte.

In der Spätantike sowie im Mittelalter war allgemein verbreitet, dass Pythagoras der Begründer der Mathematik als Wissenschaft gewesen sei. Damit war vor allem auch die Geometrie gemeint, der für die antiken Griechen den wichtigsten Teil der Mathematik darstellte. Die Überlieferung von Pythagoras sowie sein Aufenthalt in Ägypten, teilten die Griechen, denn sie waren der Meinung, dass die Geometrie ursprünglich aus Ägypten stamme, gewachsen aus der Notwendigkeit einer ständig neuen Landvermessung aufgrund der regelmäßigen Nilüberschwemmungen.

Pythagoras prägte den Satz: Alles ist Zahl. Dieser Grundsatz besagt, dass das Wesen aller Dinge durch Zahlen bestimmt ist. Die Welt besteht somit aus Zahlen, sie ist eine Widerspiegelung der ihr zugrundeliegenden Zahlenverhältnisse, alles Seiende entspricht den Zahlen bzw. gleicht ihnen oder ist ihnen nachgebildet. Die Zahlen sind Elemente aller Dinge, d.h. Zahlenverhältnisse sind das Wesen der Wirklichkeit. Alles kann in Beziehungen natürlicher Zahlen ausgedrückt werden. Die Welt ist aus Zahlen aufgebaut.

Die Mathematiker des antiken Griechenland beschäftigten sich vor allem mit drei Aufgaben:

- ○ die Quadratur des Kreises
- ✓ die Drittelung des Winkels
- ▪ die Erzeugung eines Würfels mit doppeltem Volumen

So sehr die Mathematik unter Wissenschaftlern geschätzt und vorangetrieben wurde, gab es auch Institutionen, die sich massiv gegen einen Fortschritt richteten. Die katholische Kirche blockierte die Weiterentwicklung der Geometrie über Jahrhunderte, denn sie bezeichnete das Wissen und geometrische Formen als Teufelswerk, auch, da viele dieser Symbole von den damaligen Geheimgesellschaften benutzt wurden, wie z.B. von den Freimaurern, Templern und Kartäusern.

So dauerte der mathematische Winterschlaf in Europa über 1.000 Jahre, während sich im indischen und arabischen Bereich in dieser Zeit die Mathematik weiterentwickelte, eine Blütezeit erlebte und freien Raum zum Entwickeln hatte.

Unzählige Entdeckungen und Ideen gingen verloren, und erst nachdem Luther zeigte, „das man auch ohne den Segen des Papstes lesen, denken und glauben kann", konnte die europäische Mathematik aus ihrem Dornröschenschlaf erwachen. [2]

„Das Mittelalter war für die Mathematik ein wahrhaft dunkles Zeitalter. Es gab kaum neue Erkenntnisse; vor allem das unhandliche römische Zahlensystem stand einer Höherentwicklung im Weg. Außerdem beschäftigten sich die Geistesgrößen der Zeit lieber mit überirdischen Überlegungen wie Gottesbeweise und wie viele Engel auf einer Nadelspitze Platz haben."[3]

Kopernikus führte den ersten Bruch mit der mittelalterlichen Tradition herbei. Er vereinfachte das mittelalterliche kosmische Modell und ließ wieder, wie bei den antiken Griechen, die Erde um die Sonne kreisen. Deshalb gilt Kopernikus als Begründer eines neuen Weltbildes. Kopernikus ersetzte das geozentrische durch das heliozentrische Weltbild, auch das „Kopernikanische Weltbild" genannt. Kopernikus war klar, dass sich nicht nur viele Gelehrte seiner Zeit, sondern insbesondere auch die Kirche dagegen stellen würden.

[2] http://www.geometrie.net/mathematik/ausblick/geschichte.htm
[3] http://www.uni-protokolle.de/Lexikon/Geschichte_der_Mathematik.html#Moderne_Mathematik

Noch 100 Jahre später zwang die katholische Kirche Galileo Galilei zu der Aussage: *„Die Erde bewegt sich nicht"*. Deshalb veröffentlichte er seine Entdeckung erst kurz vor seinem Tod 1543 in seinem Buch *„Die Bewegungen der Himmelskörper"*. Er prägte den Ausspruch:

„Die Natur spricht die Sprache der Mathematik:
Die Buchstaben dieser Sprache sind Dreiecke, Kreise und andere mathematische Figuren. "

Denn, so argumentierte die damalige Kirche, wenn die unbewegte Erde mit dem Menschen nicht mehr im Mittelpunkt des Weltalls steht, so ist der Mensch unwichtig. Damit verliert die Existenz der Menschheit ihren Sinn. In der letzten Konsequenz dieses Weltbildes, so die Kirche, wäre der moderne Mensch einsam, einem blinden Schicksal ausgeliefert, denn er wäre ohne Gott.

Kepler entdeckte im 16. Jahrhundert die Gesetzmäßigkeiten, nach denen sich die Planeten und die Sonne bewegen, seitdem „Keplerische Gesetze" genannt. Newton entdeckte hinter den algebraischen und geometrischen Gesetzen weitere mathematische Zusammenhänge und entwickelte darauf aufbauend die Gesetze der Mechanik. Er entwickelte fast gleichzeitig mit Gottfried Wilhelm Leibniz die Infinitesimalrechnung.

Newton gilt auf dem Gebieten der Physik und Mathematik als einer der größten Wissenschaftler aller Zeiten.

Ein weiteres Mathematik-Genie war der Franzose Evariste Galois im 19. Jahrhundert, der mit 20 Jahren bei einem Duell umkam. Er hatte sich schon mit 16 Jahren erstmals an der Elitehochschule Ecole Polytechnique beworben, war aber zweifach abgelehnt worden, nachdem er sich in der mündlichen Prüfung nicht von den falschen Vorstellungen des Prüfers überzeugen ließ. Er fand Lösungen zu Jahrtausende alten Kernfragen der Geometrie und Algebra, wie z.B. die Quadratur des Kreises, die Drittelung des Winkels und die Würfelverdoppelung, die sich nicht mit der klassischen Mathematik lösen lassen, wohl aber mit algebraischen Gleichungen. Auch er musste zu seinen Lebenszeiten gegen die Denksperren seiner Zeit kämpfen und fand keine Anerkennung. Seine Arbeit wurde aber posthum gewürdigt, da seine Freunde nach seinem Tod unermüdlich seine Texte unters mathematische Volk brachten.

---

[4] http://www.aphorismen.de/suche?f_autor=1375_Galileo+Galilei

Die neue Mathematik des 20. und 21. Jahrhundert wollte Grundlagen dieser Wissenschaft ein und für allemal festigen. Bertrand Russell erkannte die Bedeutung der modernen Mathematik, gleichzeitig zeigte er aber auch ihre Widersprüche auf. Diese Erkenntnisse erschütterten die gesamte Mathematik. Denn gibt es nur *einen* widersprüchlichen Satz, so fällt nach dem Grundverständnis der Mathematik und ihrer Bedeutung die ganze Wissenschaft wie ein Kartenhaus zusammen.

Im Prinzip lassen sich beliebig viele ungelöste mathematische Probleme beschreiben, da das Gebiet der Mathematik unbegrenzt ist. Es haben sich aber immer wieder wichtige Probleme herauskristallisiert, die als bedeutend angesehen wurden und an deren Lösung die Mathematiker mit besonderem Einsatz arbeiteten bzw. arbeiten. Ein mathematisches Problem besteht z.B. rund um die Primzahlen. Gibt es unendlich viele Primzahl*zwillinge*, oder eventuell sogar Primzahl*vierlinge* oder möglicherweise Primzahl*sechslinge?*

Die Definition des Raumes hat in der Geschichte der Mathematik ebenfalls viele Veränderungen erfahren, und gerade in der heutigen Mathematik spielt die Diskussion um unterschiedliche Raumdefinitionen sowie um die Beziehungen zwischen den Räumen eine große Rolle.

Auch in der Geometrie gab es einige berühmte ungelöste Probleme, genannt die „Klassischen Probleme der Mathematik", wie z.B. die schon erwähnte Quadratur des Kreises.

Die Wissenschaftler legen uns auch heute immer wieder neue Modelle der Welt vor, die immer unvorstellbarer werden. Trotzdem wurde die Euklidische Geometrie als überlegen angesehen, da sie doch die „wirkliche" Welt beschreibt. Und hier beginnt das wirkliche Problem: Was ist die wirkliche Welt???

Es war der deutsche Mathematiker David Hilbert, einer der universellsten und größten Mathematiker des 19. und 20. Jahrhunderts, von dem gesagt wird, dass er der letzte war, der die gesamte Mathematik überblicken konnte. Er wollte die Mathematik „wasserdicht" machen, indem alle mathematischen Formeln mit der Mathematik nachgewiesen werden sollten. *„Schließlich waren alle Beweise nur eine Folge von Symbolen mit vorgegebenen Verknüpfungen, und Symbole und Verknüpfungen kann man mit mathematischen Symbolen behandeln"*[5] Das wurde jedoch von Kurt Gödel zerstört, der mit seinem Unvollständigkeitssatz belegte, dass nicht jeder wahre Satz bewiesen werden konnte. Hilbert ging dann letztendlich davon aus, dass die „Wahrheit" mathematisch gar nicht nachzuweisen ist. *„Die Mathematik konstruiert im besten Fall in sich widerspruchsfreie System"* (in diesem Sinne formulierte er auch die Euklidische Geometrie noch einmal).

---

[5]www.de.mwikipedia.org

Andere Wissenschaften können dann, je nach Anwendbarkeit, das eine oder andere System nutzen, um zu konsistenten Aussagen zu gelangen. Im Falle der Astronomie hat sich zum Beispiel gezeigt, dass die Euklidische Geometrie, deren Unantastbarkeit über Jahrtausende hochgehalten wurde, die Wirklichkeit nicht so gut darstellt wie die Riemannsche Geometrie der allgemeinen Relativitätstheorie."[6]

Hilberts Antwort zu dem unbegrenzten Bereich der Geometrie:

„Im großen Garten der Geometrie kann sich jeder
nach seinem Geschmack einen Strauß pflücken."[7]

Viele grundlegende Fragen sind noch unbeantwortet. Z.B.: Ist die Mathematik ein beliebiges erfundenes Spiel? Aber wieso lässt sie sich dann so vortrefflich anwenden? Aus welchen Gründen sollen die Planeten ihre Bahnen so genau ziehen, dass sie mit bestimmten mathematischen Formeln berechnet werden können? Sie tun dieses bestimmt nicht, um den Physikern und Mathematikern einen Gefallen zu tun. Über diese Naturgesetze kann nicht einfach hinweg gesehen werden. Wir wissen, dass diese Welt mit Geometrie berechnet werden kann, aber der eigentliche Zusammenhang bleibt weiter im Dunkeln. Somit stehen wir also immer noch da, wo wir begonnen haben.[8]

Die Webseite Geometrie.Net hat die Grundprobleme der Mathematik und Geometrie so brillant reflektiert, dass sie hier wiedergegeben werden: *„Die Platonisten berufen sich weiter darauf, dass Mathematik eine eigene Form von Wirklichkeit ist, die erforscht werden kann. Sie haben sich damit abgefunden, dass es nicht nur eine, sondern viele solche Wirklichkeiten gibt, die einander auch widersprechen und somit nur getrennt voneinander existieren können. Sie mussten sich sogar damit abfinden, dass in vielen dieser Wirklichkeiten bestimmte Fragen nicht beantwortet werden dürfen, und wenn man sie doch beantwortet, muss man andere Fragen, auf die man bisher eine Antwort hatte, unbeantwortet lassen, um sich nicht in Widersprüchen zu verheddern*

---

[6] http://www.geometrie.net/mathematik/ausblick/geschichte.htm
[7] http://www.mathe.tu-freiberg.de/~hebisch/cafe/zitate.html
[8] http://www.geometrie.net/mathematik/ausblick/geschichte.htm

Die Formalisten berufen sich weiter darauf, dass Mathematik eine Aneinanderreihung von Zeichen und Symbolen nach bestimmten willkürlichen Regeln ist, die eben manchmal auch zur Beschreibung der beobachteten Welt nützlich ist. Dass die Mathematik aber auch dann noch erfolgreich ist, wenn sie auf neue Objekte angewandt wird, bleibt aus dieser Sichtweise ein Wunder.

Das Problem ist, etwas tiefer angesetzt, die Frage, inwieweit ein Außen und ein Innen existiert und wie sie abgegrenzt werden können. Mathematik spielt sich in uns ab (oder außerhalb von uns) und wir beobachten eine Welt um uns herum (oder in uns)? Solchen grundsätzlichen Fragen ist nicht beizukommen, erst recht nicht durch Naturwissenschaften oder mit Psychologie, denn die setzen das „Außen" bereits voraus (der Psychologe sieht von außen auf das Hirn eines anderen und glaubt deshalb, ein Hirn zu haben, dass die Information „Hirn" verarbeitet). Die Mathematik bleibt hier die Grundlagenwissenschaft. Und so spielt man sein liebgewonnenes Spiel weiter, staunend, was dabei alles herauskommt."

Schon Bertrand Russell, der große Philosoph, Logiker, Mathematiker, Historiker, Schriftsteller, Sozialkritiker und politischer Aktivist sagte: „Mathematik kann definiert werden als die Wissenschaft, in der man weder weiß, wovon man spricht, noch ob das, was man sagt, wahr ist."

Die Mathematik ist eine von Menschen geschaffene Sprache, um Phänomene der Natur mehr oder weniger gut zu beschreiben. Die Mathematik IST aber nicht die Natur. Es verbietet sich der Mathematik daher, zu versuchen, Dinge zu beschreiben, die AUSSERHALB ihres „Wissenkönnens" liegen. Dazu zählt ohne Zweifel die Frage nach der Unendlichkeit sowie die Fragen „Was war vor dem Urknall".

Deshalb geht dieses Buch *spielerisch* mit den mathematischen Realitäten um. Wie erleben sie ihre eigene Welt? Was bewegt sie?Die Gedichte wollen zum einen zum Nachdenken anregen, zum anderen aber auch Freude bringen und vor allem eine neue Beziehung zu Mathematik und Geometrie herstellen.

Der Punkt

Er steht
unbeweglich und rührt sich nicht.
Unerschütterlich und geduldig
erwartet er andere Punkte,
auch wenn er als einziger Punkt alleine glücklich ist.

Er setzt einen Punkt, ein Ende
und schaut auf den Neubeginn eines nächsten Schrittes,
obwohl er auch als Endpunkt zufrieden und glücklich ist.

Immer setzt er einen Punkt,
denn wenn alles auf den **PUNKT** gebracht worden ist,
weiß jeder, worum es geht.

Er ist sich seiner Bedeutung und Würde bewusst,
denn mit gleichem Stolz
ist er sowohl Endpunkt als Ausgangspunkt eines neuen Beginnens.
Als Auslassungspunkt kommt er zu dritt,
und sie sind fest im Satzbau der Sprache verankert.

In der Vielzahl angehäuft .... hintereinander anmarschiert,
als gepunktete Linie geben sie Raum für freie Assoziationen.

Hier leben sie als Platzhalter, die den Ort für Phantasien freihalten,
um damit ganz neue Räume eröffnen.

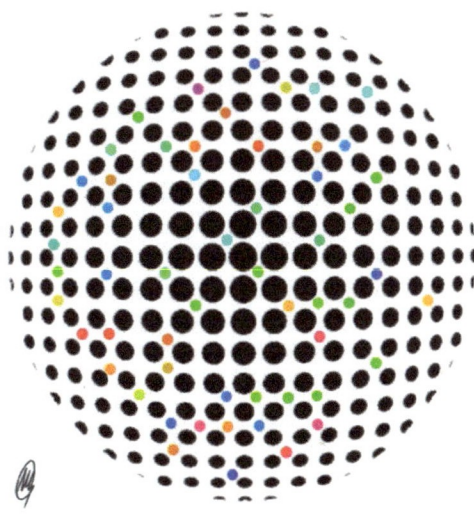

Stehend, sitzend oder liegend ruht er sich aus und schläft er,
aber niemals findet man ihn irgendwo liegend am Rande.

Pünktlich erscheinen wir zu unseren Verabredungen,
denn jemand, der **UN**pünktlich ist, verstößt gegen die ungeschrieben Regeln des Punktes
und wird vom Punkt geschnitten.
In der Notenschrift der Musik spielt der Punkt eine zentrale Rolle,
denn hier dient er als Verlängerung der Note.
Als grüner Punkt hat er weltweite Bedeutung,
denn er ist das Symbol der Wiederaufbereitung, des Recycling von gebrauchtem Material.
Der Rote Punkt ist das Kennzeichen der Autofahrer,
die ihre Autofahrten mit anderen teilen.

Die Aktion blauer Punkt verbindet Motorradfahrer im Rheinland
sie vernetzt diese mit sozialen Begegnungen und Veranstaltungen.

Als Strafpunkt bereitet er den Verkehrsteilnehmern Kummer und Sorgen.

In unserer Schrift hüpft er über die strengen dunklen Vokale,
ihnen eine andere Bedeutung und Klang gebend.

Was sagt Wilhelm Busch über die Bedeutung des Punktes:
*„ Wer sich keinen Punkt denken kann,
der ist einfach zu faul dazu."*[8]

Das Pünktchen, das lustige Kind des Punktes,
wirbelt als Kobold durch die Weltgeschichte,
Freude und oftmals Verwirrung stiftend,
bis es letztendlich, wie jedes Kind, erwachsen wird und seinen Platz als Punkt einnimmt.

PUNKT

---

[9] Mathematiklehrer Brenneke in „Eduards Traum" von Wilhelm Busch (1832 - 1908)

Die Linie

Man kennt sie als Strich in der Landschaft.

In der Geometrie hat eine Linie, eine Gerade keine Eigenschaften,
sie verbindet lediglich andere Geraden, Punkte und Ebenen.
Sie wird aber auch als eine Aneinanderreihung von Punkten gesehen.

Wo immer sie jedoch ist, kann sie eine Weitwinkel-Aussicht genießen,
je länger sie ist, desto größer und weiter ist ihr Überblick.

Sie ist sich ihrer Vielfältigkeit bewusst:
sie zeigt den Weg
sie ist die Basis der Gradlinigkeit
auf ihre Stabilität ist immer Verlass
sie ist immer die Grundlinie.

Waagerecht gibt sie Balance und Stabilität,
aufgerichtet in die Vertikale sagt sie: Hier bin ich!

Der Fläche gibt sie Begrenzung, Halt und Form.

Als Startlinie ist sie der Beginn,
im Sport wird der Weg des Balles zum Ziel als Linie bezeichnet.

Wir kennen sie auch als Familien- und Ahnenlinie,
als Zeichenlinien in der Kunst gibt sie Perspektiven,
in der Linienproduktion reiht sie Güter am laufenden Band,
als Straßenbahnlinie ist sie schienentreu,
während die Telefonlinie die Menschen direkt miteinander verbindet,
viele Linien zusammen informieren im Barcode den Leser,
als Schiffs- und Fluglinien bringen sie Menschen und Güter von einem Ort zum anderen,
in der Musik gibt sie Platz für die Töne,
die Messlinie zeigt uns die Distanz zwischen zwei Punkten,
auf Landkarten gibt sie uns eine Orientierung,
und im Militär war sie eine bevorzugte Truppenaufstellung.

Linientreu (walk the line) sind diejenigen, die gradlinig und angepasst sind
oder auch eine gewisse Linie fahren und sie beibehalten.

Sie webt sich in den Teppich und gibt ihm Halt und Form.

Manchmal ist die Linie neidisch auf ihre Cousine die Welle,
denn diese kann in Umwegen gleiten,
denn sie ist frei und braucht keiner strengen Linie zu folgen.

Auf die Linie achten tun wir, wenn wir sie nicht verlieren wollen.

So findet die Linie einen unbegrenzten Einsatz in unserem Leben,
den sie gelassen und ihrer Bedeutung bewusst gerne einnimmt.

„Der Punkt ist Urelement, Befruchtung der leeren Fläche.
Die Horizontale ist kalte, tragende Basis, schweigend und ‚schwarz‘.
Die Vertikale ist aktiv, warm, ‚weiß‘.
Die freien Geraden sind beweglich, ‚blau‘ und ‚gelb‘.
Die Fläche selbst ist unten schwer, oben leicht, links wie ‚Ferne‘, rechts wie ‚Haus‘.“

Wassily Kandinsky: Punkt und Linie zu Fläche (1926)

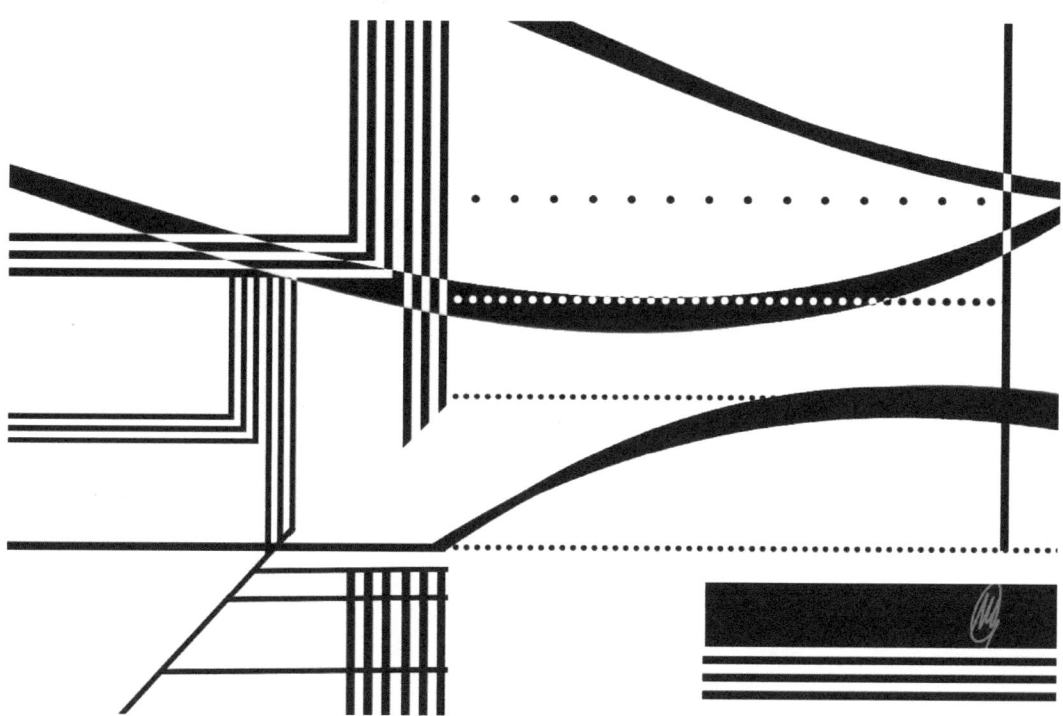

Der Kreis

Der Kreis,
der ausgedehnte Punkt
einfach NUR kreisrund und flach
doch unergründlich und unendlich.

Er IST:

endlich und doch unendlich, zäh und doch weich
beweglich und doch stabil, zart und doch sicher, einfühlsam und doch schützend.

Er STELLT SICH

als kreisrundes Wesen dar, unangreifbar in seiner runden Schutzhülle.

Er UMFASST:

das Zentrum, die Mitte, den Kern aller Dinge
und bewahrt gleichzeitig das Unendliche in sich
denn das Zentrum ist überall und nirgendwo.

Er BEWEGT:

mit seiner runden Ruhe die Gemüter aller
denn wer versteht schon seine Berechnung, das PI.

Er **BIRGT** in sich:

Geborgenheit, Ruhe, Bewegung, Entspannung
Gelassenheit.

Er **BIETET**:

Einkehr, Tiefe, innere Dimensionen, innere Freude, Einsicht.

Er **SCHENKT**:

totale Ruhe und Entspannung und kommt so von der Basis zur
von innen getragener totalen Bewegung.

Er **SYMBOLISIERT**:

den Fokus, so wie die Ganzheit
die Einigkeit wie Alles
die Perfektion wie die Revolution
den Zyklus wie die das Zentrum
die Beweglichkeit wie Vollendung
die Gebärmutter wie die Ernährung.

Seine HEIMAT findet er in allen Kulturen:
als Symbol für die Einheit, das Absolute, Vollkommene
des Himmels, des All-Einen, der Unendlichkeit
Zeitlosigkeit als auch Raumlosigkeit
sowie des Göttlichen.

Er **SCHÜTZT**

in der Magie:
vor bösen Geistern und Dämonen
und wird symbolisch als Amulett getragen.

Seine KRAFT findet ihre Entsprechung:
in den runden Zelten der Nomaden wie der Indianer
im Gegensatz zu den eckigen Steinbauten der „zivilisierten" Gesellschaften
sowie als Symbol eines Bündnisses am Finger der Menschen aller Kulturen

Als Kreis haben sich auch die Gemeinden organisiert
geleitet von der Kreisstadt.
Der Kreisverkehr bietet hervorragende Möglichkeiten den Verkehr zu steuern
als Verkehrsschild kommt er in vielen Farben daher.

Er hat viele Gesichter und präsentiert sich in vielen Kleidern
uns steht als Sinnbild für die ideale Ordnung.

Das Quadrat

Als Symbol der Stabilität schlechthin
kann es nichts erschüttern.
Es symbolisiert die Erde und
hält jedem Druck stand
ob von unten, von oben, von rechts, von links.
Es ruht in sich
als eins der Bausteine des Lebens.

Haben die Zeilen-, die Spalten- sowie die Diagonalsummen
den gleichen Wert,
kommt es als magisches oder Zauberquadrat daher
und erfreut den menschlichen Geist als Sudoku.

Auch in der Volkswirtschaft spielt das magische Viereck eine große Rolle,
denn es bildet die Grundlage unseres volkswirtschaftlichen Systems
welches vier Ziele verfolgt:
Stabilität des Preisniveaus, hoher Beschäftigungsstand
außenwirtschaftliches Gleichgewicht, angemessenes und stetiges Wirtschaftswachstum.
Die vier Ziele des magischen Vierecks bestimmen seit 1967 den § 1 des Stabilitäts- und Wachstumsgesetzes.
Sie bilden zusammen das Staatsziel des gesamtwirtschaftlichen Gleichgewichts.

Als Potenzzahl spielt es auch in der Mathematik,
vor allem in der Geometrie eine bedeutende Rolle.

Umgangssprachlich kann man „Pech im Quadrat" haben
oder im Quadrat springen.

Domino, Himmel und Hölle, magische Quadrate, Mühle, Rubik Würfel, Solitär,
Tic – Tac- Toe, Tangram und viele andere Spiele basieren auf dem Quadrat.
In einem verändertem Umfeld macht das Quadrat
eine völlig andere täuschende Figur
wie die Abbildungen zeigen.

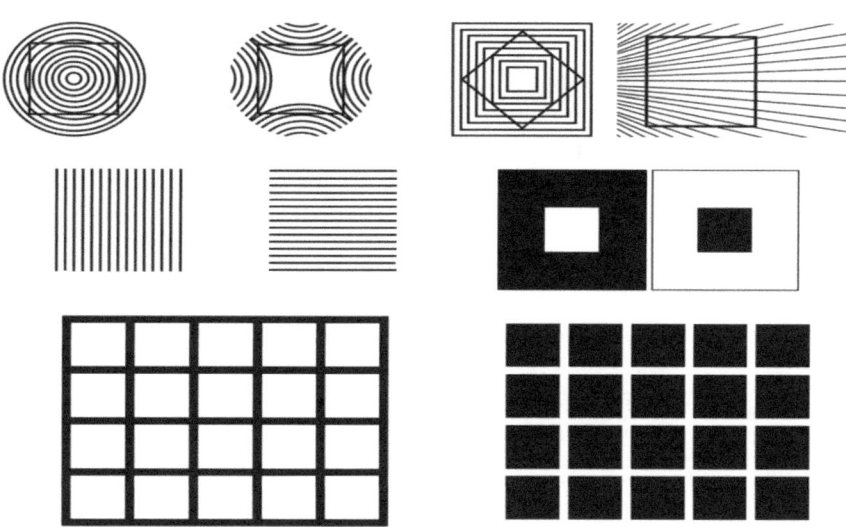

Obwohl das Quadrat völlig mit sich zufrieden ist
und mit der gesamten Welt im Reinen,
stöhnt es doch ab und an darüber,
dass es ständig praktisch und gut sein muss
und freut sich, wenn es als Würfel alles über Bord schmeißen kann
und seine leichte verspielte Seite mit den runden Ecken
und dem ungewissen Ausgang leben kann.

Schon Goehte sprach in seinem Faust vom Quadrat, dem Hexen-Einmal-Eins:

(Vers 2540 bis 2552)

Über das Hexeneinmaleins zerbrechen sich Wissenschaftler und Mathematiker
noch heute den Kopf, denn es lässt mehrere Interpretationsmöglichkeiten zu.

Die beliebteste Interpretation im Mathematik-Unterricht ist die des magischen Quadrates mit der Summe 15.

2	7	6	→15
9	5	1	→15
4	3	8	→15

15 15 15 15 15

Das Quadrat symbolisiert die irdische Existenz, statische Perfektion und Integration. Es verkörpert die Materie = weiblich.

Das Dreieck singt:

Mein Hut, der hat drei Ecken, drei Ecken hat mein Hut
und dreht sich dabei mit seinem dreieckigen Hut um sich selbst.

Es erfreut sich an seiner dreieckigen Stabilität,
nichts wirft es um, egal auf welcher Seite steht, sitzt oder liegt.

.

. .

. . .

. . . .

. . . . .

. . . . . .

Freudig verbindet es Gegensätze auf einer neuen Ebene:
Vater und Mutter erzeugen das Kind,
These und Antithese die Synthese,
Plus und Minus bilden das Neutrale.

In der Dreifaltigkeit finden sich Vater, Sohn und der Heilige Geist
es symbolisiert Vergangenheit, Gegenwart und Zukunft im Zurvanismus.

Im nordischen Valknut steht es für Kampf, Tod und Opfer.
Man findet das Hipster Dreieck ▲ das Symbol für Jungsein
sowie für Liebe, Musik und Freiheit
in Indie-Musik, T-Shirts, Jutebeutel, Schmuck und Tattoos.
Don't be a square be a tringle
sei kein Langweiler, sei nicht auswechselbar und angepasst
steh' zum Anderssein, das ist die Parole.

In der Mathematik verknüpft es Mengen und zeigt Differenzen
auf Landkarten kennzeichnet es den trigonometrischen Punk
in der griechischen Sprache ist er der Buchstabe Delta
sowie die Zahl 4.

Kleine blaue Dreiecke zeigen auf Wetterkarten Kaltfronten an
in den Länderflaggen steht es für Frieden (Simbabwe) aber auch Gleichheit (Nicaragua).

Wir finden es täglich am Straßenrand als Verkehrszeichen
dort macht es uns auf Risiken aufmerksam
und schärft den Blickwinkel auf veränderte Bedingungen.

Stolz warnt es uns in orange vor Gefahren.

Als Autobahndreieck zeigt es uns die Richtung.

Das Dreieck ist sich seiner Vielfältigkeit bewusst
seine Winkel laden zum Weitblick ein
jedes Auto hat ein Warndreieck
und manche ein Anhängerdreieck.

Es flattert als Wimpel kunterbunt am Zirkuszelt
und das rote Dreieck lädt seine Geschwister zur gemeinsamen Farbpyramide ein.

Als Wimpel findet die kleine dreieckige Fahne
sich als Symbol von Jugendgruppen, Sportvereinen, als Standarte,
als Kennzeichen auf den Schiffen wieder
und drückt Verbundenheit, Solidarität und gibt Auskunft über ihre Organisation.

Umgangssprachlich kennen wir die Dreiecksbeziehung und die Dreiecksgeschichte,
wir springen oder hüpfen im Dreieck,
das Goldene Dreieck umfasst die Länder Thailand, Laos und Myanmar (Burma),
im Bermudadreieck verschwinden die Schiffe.

Das nautische Dreieck hilft in der Astronomie die Position eines Sternes zu bestimmen.

Von jeher gilt die Zahl drei als mystische Zahl,
die Widersprüche auf einer höheren Bewusstseins und Erkenntnisebene vereinigt.

Das gleichseitige Dreieck ist die stabilste geometrische Form,
daher es steht vor allem für Stabilität im physischen Sinn
und symbolisiert zusätzlich auch die Energie = männlich.

Das Rechteck

Es ist stabil
und erfreut sich an seinen gradlinigen Formen und Winkeln,
kantige Ecken und gerade Linien verbindend.

Unsere Lebensräume sind überwiegend durch rechteckige Wände bestimmt,
die Bausteine haben durchweg rechteckige Begrenzungslinien,
Verpackungskartons sind vorwiegend rechteckig,
die Zeichen- und Darstellungsflächen sind durchgängig Rechtecke.

Im Bauwesen taucht es oft als Logo auf,
denn es symbolisiert
Statik, Zuverlässigkeit, Ordnung, Symmetrie und Baumaterialien.

In unserem Alltag wird die Bedeutung des Rechtecks oft nicht wahrgenommen,
seiner einfachen, klaren und prägnanten Form,
seiner Schlichtheit und Bescheidenheit wegen verschwindet es im Hintergrund,
jedoch wären wir verloren ohne das Rechteck,
denn es bietet in seiner Unauffälligkeit und Klarheit
Schutz, Unterstützung und Überschaubarkeit.

Als Baustein und Grundlage schafft es viele Möglichkeiten
der Improvisation, neu entwerfen
ausprobieren, zusammenbauen.

Auch in der Kunst spielt das Rechteck als Basis eine entscheidende Rolle.

Das Goldene Rechteck entspricht in seinen Maßen dem Goldenen Schnitt.

In den Texten der mittelalterlichen Mönche finden sich an den Rändern Anmerkungen,
die in Kreisen, Quadraten oder Rechtecken dargestellt wurden.
Diese geometrischen Anmerkungen waren Ausdruck der Kontemplation
und zeichnen Denkbewegungen der Mönche nach
in ihrer Auseinandersetzung mit dem Göttlichen.

Es ist außerdem das Symbol der Materie sowie den irdischen Realitäten
mit ihren Ecken und Kanten.

Auch das Rechteck ist sich einer Würde bewusst
und sehr stolz darauf, ein so wichtiger Teil des Ganzen zu sein,
welches die Schönheit des Großen widerspiegelt.

Manchmal liebäugelt es mit den sanften Linien der Wellen des Wassers
oder der Dynamik der Spirale,
träumt von einer Liaison mit dem Kreis
oder wünscht sich die Sicht des spitzen Winkels eines Dreiecks
oder die Dynamik der Raute sowie dem Parallelogramm.

Es schätzt jedoch die guten Beziehungen zu seinen Winkeln,
seine gute Position im Raum,
seine Partnerschaft als Basis mit allen Dingen.

Es ist zufrieden mit sich und der Welt.

Das Pentagramm

Als Stern im Kreis erscheint das Pentagramm
eine große Rolle in allen Traditionen spielend
verstanden seit Jahrhunderten als mächtiges, kraftvolles Zeichen
sowie als Mittler zwischen Himmel und Erde
und als Symbol der Wahrheit.

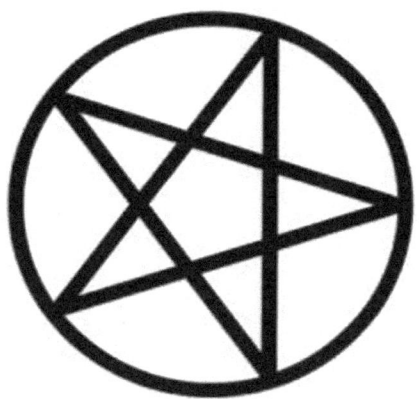

Seit 6.000 Jahren ist es unentwegt im Einsatz,
auf der Keramik sowie in Schriften von Ur in Mesopotamien.
Hier symbolisiert es die Macht des Königreiches bis an die vier Ecken der Welt reichend.

In Hebräisch ist es das Symbol der Wahrheit,
und Pythagoras beschreibt es als das perfekte Symbol der Perfektion
fünf perfekte A's beschreibend.

In vielen alten Kulturen wird es als der funkelnde und leuchtende Stern beschrieben.

Die Kelten assoziierten das Pentagramm mit der Größe aller Dinge,
die immer fünf Facetten hat.

Im frühen Christentum wird das Pentagramm mit den fünf Wunden Christi verknüpft,
während es im Mittelalter die fünf Tugenden der Ritter kennzeichnete:
Großzügigkeit, Höflichkeit, Keuschheit, Ritterlichkeit, Frömmigkeit.

Kontinuierlich symbolisiert es die Wahrheit und dient zum Schutz gegen Dämonen.

Darüber hinaus steht das Pentagramm für die 4 Elemente
Feuer, Wasser, Erde Luft,
während der nach oben gerichtete Zacken den Geist, die Seele,
die sich zum Himmel orientiert versinnbildlicht.

Immer aber stellt es den Menschen in seinen Mittelpunkt,
dessen Aufgabe es ist, in seinem Leben die Kräfte der Welt zu balancieren,
sei es in ihm oder in seinem Umfeld, in der Welt.

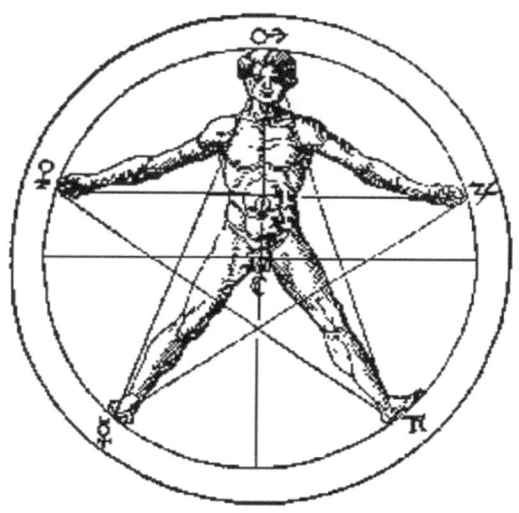

Es findet sich im Laufe der Geschichten überall, auf Münzen, Geschirr, an Wänden,
Bildern, Schmuck, den Tarotkarten.

Es birgt den Goldenen Schnitt, die perfekte Symmetrie, in sich
und hat mit seiner Kraft 6000 Jahre Kulturgeschichte überdauert
es wirkt unzerstörbar in seiner schützenden Hülle, dem Kreis
unendlich flexibel und beweglich,
allen Stürmen der Geschichte gewachsen
die Wahrheit zu finden.

Da Vinci 1490

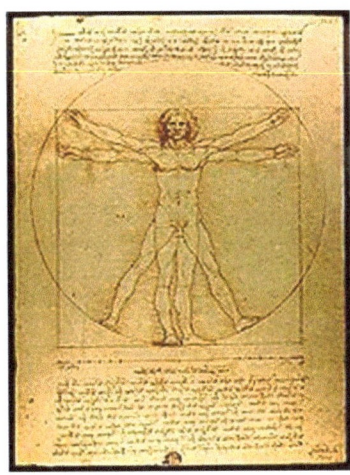

In seiner ewigen Suche nach Ausgeglichenheit hilft es dem
Menschen
sich zu zentrieren, in seinem Leben zu verankern.
Dabei hilft ihm seine Form
stabil auf zwei Beinen stehend mit seinen Sensoren seitlich
ausgestreckt
erhobenen Hauptes die Übersicht über sein Umfeld behaltend
geschützt umgeben von seinem Kreis
überträgt sich seine innere Würde und Kraft
wie aus unbekannter Quelle kommend
auf seine Umgebung
ohne dass es sich in irgendeiner Weise belastet fühlt.

Er ist frei in seiner Wahrnehmung, Standfestigkeit und Beständigkeit
es lebt die Freiheit seiner Kraft, seiner Aufgabe
das Pentagramm hat sein Ziel gefunden.

Das Sechseck, das Hexagramm

Kraftvoll verbindet sich das Sechseck mit seinen eineiigen Zwillingen als Einheit:
zwei Dreiecke perfekt in- und miteinander verwoben,
sich gegenseitig stützend, inspirierend, raumumfassend, integrierend.

Vereint als Hexagramm sind sie stolz auf die Rundumsicht,
wie Wachtürme hat es einen 360° Rundblick
und beobachtet und beäugt scharfsinnig seine Umwelt.

Scharfkantig, genau und klar ist es
auf seine Form bedacht,
von innen stabil, sowie inspirierend und integrierend,
sind Geselligkeit und Austausch nicht seine Priorität
obwohl es hat den sechsten Sinn hat.

Sich selbst genügend in seinen Beobachtungen und Erkenntnissen
zieht es schwelgend seine Bahnen
und lebt davon Beispiel zu sein.
Im Davidstern des Judentum symbolisieren die beiden Dreiecke
die Beziehung zwischen Gott und den Menschen
die zwölf Ecken des Hexagramms stehen für die zwölf Stämme Israels.
Es ist das Symbol der israelischen Flagge.

Auch im Christentum spielt es eine Rolle
es symbolisiert die Vergöttlichung des Menschen.

10

Als zentrales Symbol taucht es schon in den Tantras des Hinduismus und Buddhismus vor fast 3.000 Jahren auf.

In den Mandals der östlichen Philosophien nimmt es eine zentrale Bedeutung ein und wird oft mit dem OM verbunden.

Als Siegel des Salomons wird es im Koran vielfach erwähnt

als echtes Salomonsiegel ist es ein Spargelgewächs

Für die Freimaurer symbolisierte es
das Vermischen von Gegensätzen in der Natur
die den Menschen in seinem Leben begleiten
wie Licht und Dunkel, Lüge und Wahrheit, Ignoranz und Weisheit, Gut und Böse.

Es gilt als Schutzsymbol gegen Dämonen und Feuer
in der Alchemie symbolisieren die überlappenden Dreiecke die Elemente
als Brauerstern ist es das Zunftzeichen der Brauer und Mälzer
und schmückt viele Wirtshäuser.

Würzburger Hofbräu seit 1643
Im Hausbuch der Mendelschen Zwölfbrüderstiftung
ist aus dem Jahr 1425 ein Bierbrauer namens Hertel
an einem Sudkessel mit Brauerstern abgebildet.

„Beer wuerzburger hofbraue 2" von Christian „VisualBeo"
Horvat - Eigenes Werk. Lizenziert unter CC

Das I Ging – das Buch der Wandlungen - setzt sich zusammen aus 64 Hexagrammen,
die Kräfte, Lebenssituationen, Eigenschaften und Fähigkeiten
und deren Wandlung im Leben beschreiben.

11

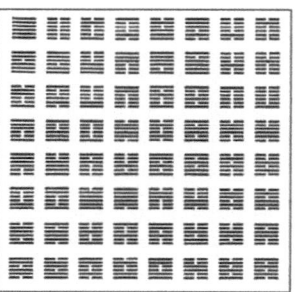

12

Als Hoheitszeichen der Polizei in Trinidad und Tobago
kann es sein Anliegen, scharfsichtig und klar die Welt zu sehen, widerspiegeln,
denn seine Kanten sind scharf und exakt,
so kann es scharfsinnig seine Aufgabe wahrnehmen,
polarisieren, aufwecken und integrieren.

11 http://de.wikipedia.org/wiki/I_Ging
12 http://t1p.de/ii2l

Das Achteck

Ruhig, stabil und besonnen
bewegt sich das Achteck im Raum,
seine Position wechselnd:
es liegt, es steht, es dreht sich,
vorwärts und rückwärts,
immer auf Ruhe und Entspannung in seiner Bewegung bedacht.

Lächelnd spürt und genießt es seine Flächen und Ecken,
erlebt den Strom der Bewegung an seinen Formen.

Geborgen und in sich ruhend
ist es gesellig und erfreut sich am Kontakt
mit anderen Bewegungen und Formen.

Teilnahmsvolle Neugierde sowie gemeinsamer Austausch
bereichern sein Daseins und das der anderen.

Es spiegelt die Anordnung der Himmelsrichtungen wider:
Norden, Osten, Süden, Westen
sowie
Nord-Ost, Süd-Ost, Süd-West und Nord-West.

Auch in der Wirtschaft spielt es als ökolomagisches Achteck
die Grund-Ideale unserer Wirtschaftspolitik wieder:

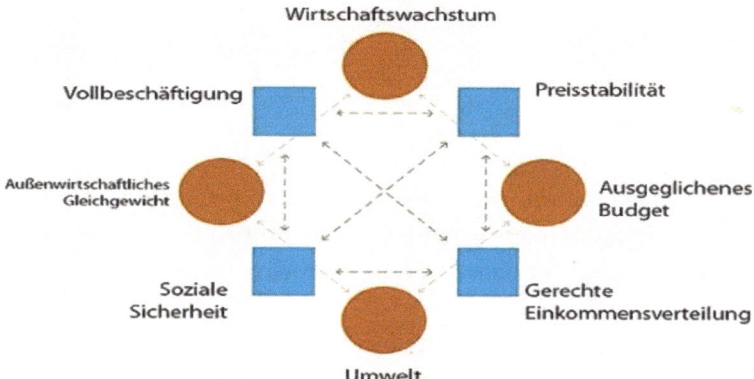

Das Achteck, das Oktogon fühlt sich als eckiger Bruder sehr mit dem Kreis verwandt sowie mit dem Quadrat, denn es jetzt sich ja aus Quadraten zusammen.

Die Pyramide

Majestätisch erscheinen sie seit Jahrtausenden am Horizont,
ob in Nord-Afrika, Süd-Amerika, Mittlerer Osten und in Asien sowie in Europa.
Unabhängig voneinander hat sich die Pyramidenform
in den verschiedenen Kontinenten entwickelt.

Sie gehört immer noch zu den geheimnisvollsten Bauten der Menschheitsgeschichte,
sagenumwoben in ihrem Hauch von Unendlichkeit.

Basierend auf einem stabilen Quadrat als Grundfläche,
nebst weiteren vier gleichschenkligen Dreiecken als Seitenfläche
sowie weiteren fünf Eckpunkten und acht Kanten
hat sie unerschütterlich allen Stürmen und Kriegen der Geschichte standgehalten
und stellt uns heute noch vor Rätsel.

Daherkommend in vielen Größen und unterschiedlichen Formaten
findet sie mit ihrer magischen Anziehungskraft
auch in modernen Zeiten großen Anklang.

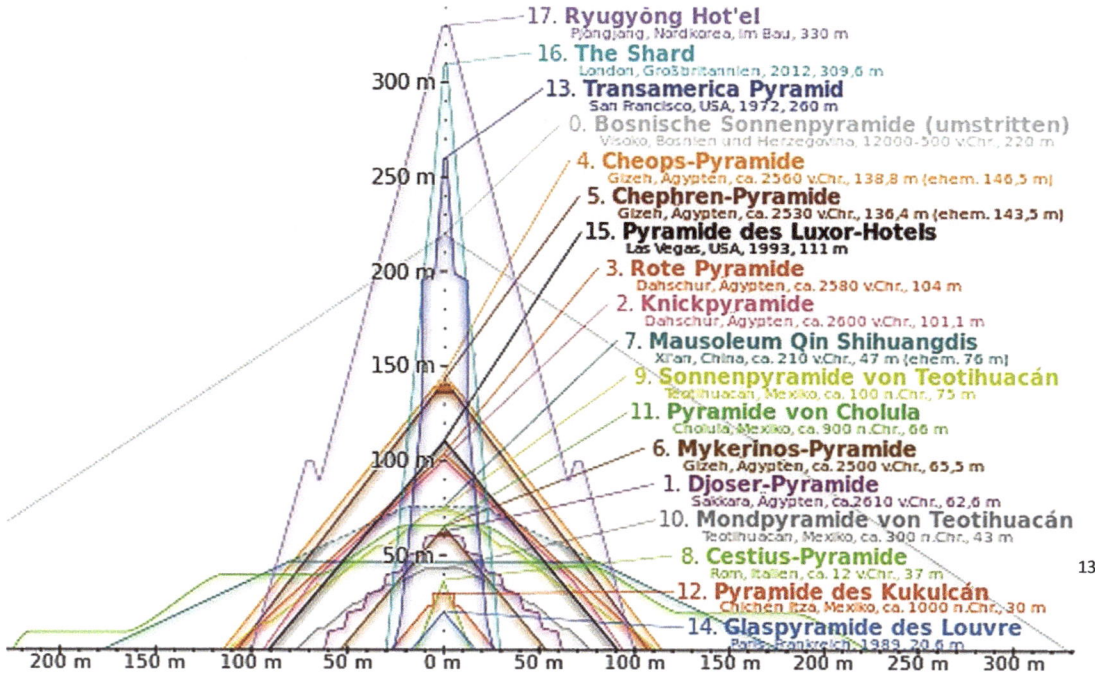

17. Ryugyŏng Hot'el
Pjöngjang, Nordkorea, im Bau, 330 m

16. The Shard
London, Großbritannien, 2012, 309,6 m

13. Transamerica Pyramid
San Francisco, USA, 1972, 260 m

0. Bosnische Sonnenpyramide (umstritten)
Visoko, Bosnien und Herzegowina, 12000-500 v.Chr., 220 m

4. Cheops-Pyramide
Gizeh, Ägypten, ca. 2560 v.Chr., 138,8 m (ehem. 146,5 m)

5. Chephren-Pyramide
Gizeh, Ägypten, ca. 2530 v.Chr., 136,4 m (ehem. 143,5 m)

15. Pyramide des Luxor-Hotels
Las Vegas, USA, 1993, 111 m

3. Rote Pyramide
Dahschur, Ägypten, ca. 2580 v.Chr., 104 m

2. Knickpyramide
Dahschur, Ägypten, ca. 2600 v.Chr., 101,1 m

7. Mausoleum Qin Shihuangdis
Xi'an, China, ca. 210 v.Chr., 47 m (ehem. 76 m)

9. Sonnenpyramide von Teotihuacán
Teotihuacán, Mexiko, ca. 100 n.Chr., 75 m

11. Pyramide von Cholula
Cholula, Mexiko, ca. 900 n.Chr., 66 m

6. Mykerinos-Pyramide
Gizeh, Ägypten, ca. 2500 v.Chr., 65,5 m

1. Djoser-Pyramide
Sakkara, Ägypten, ca.2610 v.Chr., 62,6 m

10. Mondpyramide von Teotihuacán
Teotihuacán, Mexiko, ca. 300 n.Chr., 43 m

8. Cestius-Pyramide
Rom, Italien, ca. 12 v.Chr., 37 m

12. Pyramide des Kukulcán
Chichen Itza, Mexiko, ca. 1000 n.Chr., 30 m

14. Glaspyramide des Louvre
Paris, Frankreich, 1989, 20,6 m

[13]

Als Begräbnisstätten der Könige wurden sie im Alten Ägypten gebaut,
über die Stufen mit der riesigen Steintreppe
sollte dem König ermöglicht werden, einen mit der Sonne
gleichwertigen Rang einzunehmen.

---

[13] Image: „Größenvergleich Pyramiden" von w:User:Cmglee, w:User:Timwi - File:Comparison_of_pyramids.svg.
Lizenziert unter CC BY-SA 3.0 über Wikimedia Commons / http://t1p.de/upce

Die Pyramide als Haus der Unsterblichkeit ermöglichte so dem König selber Unsterblichkeit zu erlangen.

Immer noch sind die Erbauung der Pyramiden als auch die
dabei erreichte Präzision wie die Entstehung der energetischen Wirkkraft ungelöst.

In den Amerikas dienten Pyramiden den religiösen Festlichkeiten
nur wenige dem Totenkult

Über die ersten kleinen Pyramiden baute man nach einer Vergrößerung des Reiches
die nächste größere Pyramide.

Auf dem amerikanischen Dollarschein findet sich eine Pyramide
mit dem Auge des ägyptischen Gottes Re, dem Sonnenauge,
das allsehende Auge Gottes vom Dreieck umschlossen,
welches bis ins Mittelalter das Symbol einiger Geheimgesellschaften war.

Ein Strahlenkranz umgibt das Auge, meistens umschlossen von einem Dreieck,
dem Symbol der Trinität, welches die Aspekte der Zahl Drei einschließt
und als heilige göttliche Zahl gilt.

Messungen in den Pyramiden weisen hohe Energieschwingungen auf,
die Besuchern und Forschern zugleich Rätsel aufgeben,
immer noch werden neue Pyramiden entdeckt,
ein sensationeller Fund 2005 zuletzt in Bosnien,
die wohl noch weit vor der letzten Eiszeit vor rund 12.000 Jahren anzusiedeln sind.

Die Kulturgeschichte muss neu geschrieben werden,
das Mysterium Pyramide zieht uns immer wieder in ihren Bann,
gibt uns immer wiederkehrend neue Wunder,
sodass wir nie aus dem Staunen herauskommen
und in Achtung und mit großer Dankbarkeit
uns in die Geschichte der Menschheit einbetten, eingliedern, teilnehmen, einfügen,
und so diese Geschichte erleben, erforschen und erfahren dürfen.

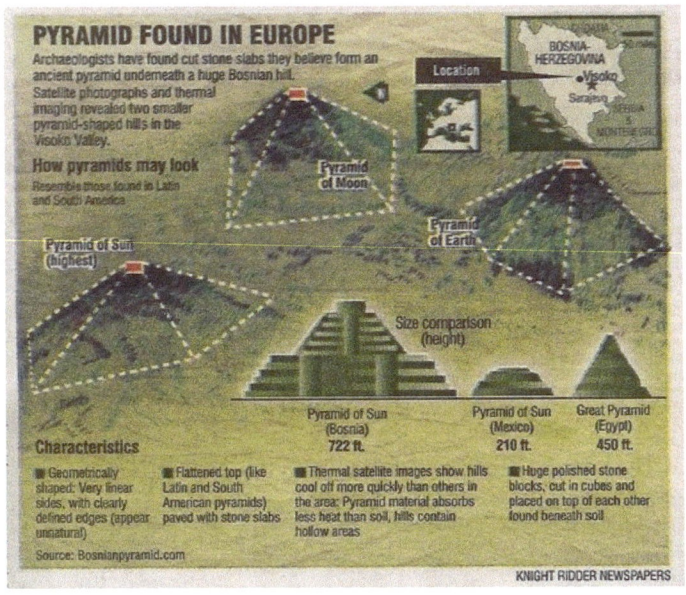

Die Abbildung zeigt einen Vergleich der Höhe der Pyramiden
aus der Ur- und Frühgeschichte der Menschheit. [14]

---

[14] http://www.bosnianpyramid.com/

Die Pyramide ist der Inbegriff von Ruhe und Geborgenheit,
des absoluten, ja fast überirdischen Schutzes,
ihre Kräfte verschaffen Klarheit und Durchblick
und damit eine Unabhängigkeit vom äußeren Geschehen.

Sie bietet eine Zuflucht in Zeiten der Krise und des Chaos,
um sich auf die eigenen Kräfte zu besinnen,
sie zu bündeln und sich zu sammeln,
um sich gestärkt, gelassen und mit Sicherheit
dem äußeren Chaos zu stellen und vorwärtsweisend Lösungen zu finden.

Die Pyramide ist eine Schatzkammer,
durch die man sich an die eigenen inneren Kräfte anbinden
und so die eigene innere Schatztruhe entdecken und öffnen kann.

Die Pyramide ist allen äußeren Widrigkeiten gewachsen,
diese können ihr nichts anhaben,
und mit Würde und universellem Wissen
lässt sie uns an ihrer Energie teilhaben.

Die Spirale

Aus einem Punkt heraus
sich bewegend wie eine Schlange
sich öffnend in der Bewegung
erfasst sie den Raum
mit einer inneren Eleganz
und von atemberaubender Schönheit
erkundet sie den Raum, ihr Reich
und erfüllt das Leere mit Leben,
dem Zyklus von Leben und Tod.

Schon vor 5.000 Jahren als Symbol der Sonne
zierte sie Höhlen und Monumenten
in aller Welt.

Newgrange Irland, 3.500 Jahre alt.

Sie gilt als das ältester aller uns bekannten Symbole
und findet sich in allen Organismen wider, ob vital oder materiell.
Springen, Sprungkraft, geballte Kraft, vorwärts,
klingend, schimmernd, sich drehen und drehen im Kreise und dennoch vorwärts,
Kordel, Schnur, Strick, Nabelschnur, Nahrung.

Eingesetzt in der Hypnose
zeigt sie ihre Kraft der Verwandlung,
uns ermöglichend über die Trance in andere Welten einzusteigen
und veränderte Bewusstseinserfahrungen zu erlauben.
Sie lebt in Strukturen so klein wie die DNA
und so groß wie Galaxis
man begegnet ihr in Pflanzen, Tieren, Menschen als auch Mineralien.[15]

 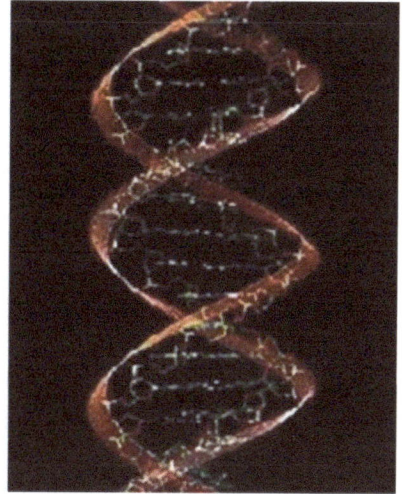

---

[15]Beide Abbildungen aus: *Muths, Christa: Light Energy and Colour Therapy, eBuch 2005*)

Die Sonnenblumen lassen ihre Blüten in Spiralen strahlen,
in den spiralförmigen Zapfen der Nadelbäume wächst das neue Leben,
in den Muscheln spiegelt sich die Kraft des Wassers wider,
in der DNA aller Dinge speichert sich Leben und Tod.

Die Wasserspiralen können uns gefährlich werden,
ebenso die Windhosen und Tornados
und spiralige, ungesteuerte Gedanken, wenn sie die Realität bedrohen.

Sie ist das Symbol des dialektischen Prozesses aller Dinge,
sie spiegelt das universelle Modell der Entwicklung und Evolution wider.

Damit ist sie zugleich das Symbol aller Zyklen und Prozesse,
das Symbol des Lebens und des Todes.

Spiralen sind das Symbol des Wandels schlechthin,
repräsentieren den Lebenszyklus,
das Alte geht, um dem Neuen Platz zu machen.

Die geometrische Spirale ist eine Kurve im Raum,
die sich in einer speziellen Bewegung um das Zentrum dreht.

Für Hundertwasser ist seine Spirale eine biologische Spirale des Lebens,
sie kann nicht mit dem Zirkel nachgemessen werden,
denn sie hat Ausbuchtungen und Widerstände
in der Mitte wie an den Rändern.

„*Wenn sich etwas zu bewegen beginnt,*
dann ist es immer in Spiralform.
Ich glaube, die Spirale ist sozusagen dort,
wo die Materie aufhört zu
und beginnt etwas Lebendiges zu werden."
(Hundertwasser)

Als Wendeltreppe kennen wir sie in Gebäuden
und erfreuen uns an ihrer Offenheit.

Im Symbol der weltweiten Bewegung der Pantheisten steht
die kosmische Spirale neben einer irdischen Spiralform
und zeigt die Vernetzung der Welten.

Das Kreuz

Es steht alleine am Wegesrand und ist sich seiner Last müde,
trotz seiner vielen Brüder und Schwestern
ist es kreuzunglücklich.

Es würde am liebsten zu Kreuze kriechen,
um seine Last, den gekreuzigten heiligen Mann, loszuwerden.

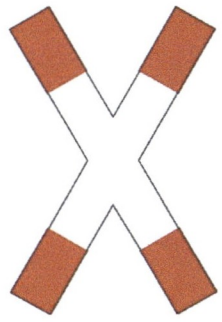

Wer spricht denn schon von seinem Zwilling,
dem keltischen Kreuz
oder seinem Bruder dem Andreaskreuz
oder seiner Schwester dem Warnkreuz?

Nein, es steht alleine mit seiner doppelten Last:
dem Gewicht des heiligen Mannes
sowie der Last der Geschichte
immer wieder im Zentrum der Wahrnehmung anderer,

und es wird von Betrachtern mit deren Leiden, Tränen, Angst und Verzweiflung überschüttet!

Im Namen des Kreuzes
wurden jahrhundertelang Vernichtungskriege durchgeführt.
sowie ganze Kulturen ausgerottet

Wer interessiert sich denn heute schon an seinem Wandel in der Geschichte?
Denn nicht immer war es ein Symbol des Opfers und des Leidens,
schon aus der Steinzeit finden sich Kreuzdarstellungen,
die horizontale Linie symbolisiert die Erde,
während die vertikale Linie den Himmel repräsentiert.

In der ägyptischen Kultur ist das Kreuz eine Darstellung der 4 Himmelsrichtungen,
die das Himmelsgewölbe stützen.

In der Musik ist es das Versetzungszeichen ♯ zur Erhöhung der Note um einen Halbton.

Das begehrte „Eiserne Kreuz" erhielt man als Auszeichnung für besondere militärische Leistungen.

Heute, in seiner wahren Natur völlig verkannt,
kann es nur heimlich davon träumen, alle Himmelrichtungen auszukundschaften,
ein Wegweiser für Neugierige zu sein,
etwas zu kreuzen, damit etwas Neues geschaffen werden kann.
Sich wünschend mit bunten Bändern an Armen und Beinen,
die als Fähnchen lustig im Wind wehen,
Freude spendend, Zuversicht sowie Richtungen aufzeigend,
um damit in aller Stille sein Dasein genießen zu können.

Der Pfeil

Trotz seines hohen geschichtlichen Alters
hat er sich seine kulturelle Bedeutung
sowie Geschwindigkeit erhalten.
Bei den australischen Aborigines symbolisiert er Schutz, Geborgenheit
aber auch Verteidigung und diente als Wegweiser.

Gegeneinander dargestellt informiert er über Krieg.

Gebrochene Pfeile symbolisierten Frieden.

In jeder Kultur hielt er Einzug und Hof:
Universal ist er ein Symbol der Kraft.
Diana nutzte Pfeil und Boden zum Jagen,
in griechischer und römischer Mythologie ist er auch Ausdruck des Krieges
sowohl der Schnelligkeit
als auch der Sonnenstrahlen.
Er präsentiert den römischen Gott Mithra.

Cupid schießt den Liebespfeil
es erwischt uns, wenn Amor trifft.

Als heiliger Medizinpfeil kennen ihn Indianerstämme,
der im Zusammenhang mit der Schlange das Wunder der Heilung vollbringen kann.

Immer ist er pfeilgeschwind,
ob in die eine oder andere Richtung,
ob die eine oder andere Bedeutung.
Mit seinem Einsatz ist immer Bewegung im Spiel,
ob als Nachricht, als Bote oder Getroffensein.
Er ist einsetzbar in vielen Bereichen,
ob in den Wissenschaften oder unserem Alltag,
ob in verstandes- oder gefühlsbetonten Bereichen.

In der Mathematik ist er ebenfalls vielfältig einsetzbar,
indem er Funktionen und Schlussfolgerungen kennzeichnet.

In der Logik weist er auf bestimmte Implikationen,
in der Chemie zeigt er die Reaktionsmechanismen unterschiedlichster Formen
sowie die Richtung der Drehungen (Spins) der Elektronen wie des Kerns.

Auch im Verkehr zeigt er seine unbegrenzte Einsatzfähigkeit
sowie seine Gutmütigkeit und Geduld.
Er weist allen die korrekte Richtung
und steht unerschütterlich am Wegesrand, an Hauseingängen
liegt gemalt auf dem Boden.

In unserer modernen Lichtwelt zeigt er sich in den unterschiedlichsten Farben

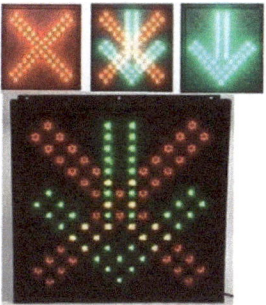

Er zeigt uns auch, wenn Dinge wiederverwertet werden können
und findet selbst in Lexika Verwendung,
wenn er auf einen weiteren Verweis des gesuchten Wortes oder Themas hinweist.

Auch im Bereich der Gefühle kommt er mit Pfeilgeschwindigkeit daher gebraust,
blitzartig trifft er im Flug
mit einer Schnelligkeit, die niemand vorher bemerkte,
saust und braust er durch die Luft,
trifft er sein Ziel,
als Seitenhieb, Stichelei, Anzüglichkeit, Bissigkeit, boshafte Bemerkung.

Als Wegweiser dient er ebenfalls
er zeigt uns die Richtungen
wo wir sind, wo wir waren und wohin wir gehen.

Er gebietet Einhalt, bevor wir uns entscheiden,
ob wir zum alten Trott abbiegen oder
zum neuen Weg
vorwärts schreiten wollen.

Null

Unbeachtet kraft- und machtvoll steht sie im Raum,
ein verkanntes Genie,
welches das Nichts und das Kleine zum unendlich Großen macht,
gleichzeitig als neutrales Element in manchen Rechenoperationen.

Die Null, das Nichts, das Wertlose,
welches alles hat
die absolute Nichtigkeit sowie die totale Unendlichkeit.

Die Null, eine der größten Erfindungen der Menschheit,
bescheiden daherkommend durchzieht sie jedoch unser aller Leben,
welches ohne ihre Existenz keine Computer, Handys oder digitale Kameras kennen würde.

Die Null, unersetzlich im Dezimalsystem der heutigen Welt,
vielfach in der Urzeit entdeckt,
von den Sumerern, Babyloniern und Maya neu erfunden
und von den Indern über den Abakus in die Welt getragen.

Das Abendland erreichte die Null erst sehr spät,
da sie von der allmächtigen katholischen Kirche als teuflisch angesehen wurde.

Adam Riese hatte großen Anteil daran,
dass die Null ihren Platz in der abendländischen Geschichte einnehmen konnte
und so die ganze Welt eroberte.

Profiliert hat sich die Null auch im Sprachgebrauch,
von Null-Bock, Null-Ahnung, Null-Chance, Mathe-Null zu Musik-Null
ganz zu schweigen von der Sport-Null oder Matratzen-Null
sowie der Null-Diät und dem Null-Tarif,
ist sie vielseitig angewandt allen Altersgruppen vertraut
und steht mit der linguistischen Bedeutung ihrer mathematischen Seite in nichts nach.
Null....Komma....Nix

„Ich stimme mit der Mathematik nicht überein.
Ich meine, daß eine Summe von Nullen eine gefährliche Zahl ist."[16]

---

[16] Stanislaw Jerzy Lec, polnischer Satiriker

David Hilbert, der große deutsche Mathematiker sagt zur Null:
„Manche Menschen haben einen Gesichtskreis vom Radius Null und nennen ihn ihren Standpunkt."[17]
Während die Zahl Null alleine steht und das Nichtvorhandensein bezeichnet,
ermöglicht die Ziffer Null, das Dezimalsystem zu bilden.

Die Zahl Null geht vom Nullpunkt aus, null verwandt mit Kein und Nichts
null Tore, null Besitz, kein Niveau, keine Pflichten, null Garnichts.

NULL
GAR NIX
ÜBERHAUPT NÜSCHTE [18]

Die Null,
sie rollt und rollt und rollt und rollt
und vermag gleichzeitig unerschütterlich stabil zu stehen,
Alles und Nichts gleichzeitig aufzuzeigen.

[17]http://www.soenkevoss.de/seite8.htm
[18]http://t1p.de/qlc6

Somit sind die Null wie das Licht von dualer unendlicher Natur.
Das Licht ist Materie und Energie zugleich,
während die Dualität der Null Alles und Nichts beinhaltet.

Licht und Null zeigen uns die Verbindung angeblicher Widersprüche,
die Fähigkeit alles gleichzeitig zu sein.

Damit ist die Null wie das Licht,
der Joker unserer Welt.

Unendlichkeit

U... N ... E ... N ... D ... L ... I ... C ... H ... K ... E ... I ... T

U<>N<>E<>N<>D<>L<>I<>C<>K<>E<>I<>T

Sie ist nicht zu erfassen, sie sprengt unser Auffassungsvermögen

∞ ∞ ∞ ∞ ∞ sie IST unendlich! ∞ ∞ ∞ ∞ ∞

1655 erblickte das Symbol ∞ das Licht unserer Welt,
mathematisch wurde erstmals das Konzept der Unendlichkeit von den Griechen erwähnt,
auch in Indien wiesen die Mathematiker der Unendlichkeit Zahlenkombinationen zu.

In Religionen und Mystik ist Gott der Maßstab aller Unendlichkeit,
er repräsentiert das unendlich Große, das nie Endende,
das, was wir nicht erfassen können
und deshalb für uns unbegreiflich ist.

Die Schlange verkörpert in alten indianischen Kulturen die Unendlichkeit,
der Häutungszyklus der Klapperschlange bestimmte ihre Zeitrechnung:
alle 20 Tage häutet sich die Klapperschlange
20 Tage hat ein Monat und 13 Monate vervollständigen ein Jahr.

In der Tarotkarte „Die Kraft" repräsentiert das Unendlichkeitssymbol die Stärke des Fragestellers.

Heutzutage hat das Zeichen Einzug gehalten im graphischen Design.
Auf der Flagge der Nation der Métis, der Ureinwohner Kanadas, findet sich das Zeichen
entweder weiß auf Blau oder weiß auf Rot:

Die Unendlichkeit kennt keine zeitlichen oder räumlichen Grenzen,
in der Astronomie wird oft der unbegrenzte Sternenhimmel als Synonym für
Unendlichkeit bezeichnet.
Das Unendliche findet sich auch im Sprachgebrauch wieder mit seinen vielen
Wortschöpfungen,
die die Unendlichkeit wiedergeben:
die Ewigkeit, das ohne-Ende-sein, Endlosigkeit,
Grenzenlosigkeit, Unbegrenztheit, Unbeschränktheit, Weite, Unermesslichkeit,
Unvergänglichkeit, Weltalter, Äon, Ära.

Der Weltraum, der Raum der Unendlichkeit kennt kein Oben, kein Unten,
kein Hinten und kein Vorne.

Der Infinitismus lehrt uns über die Unendlichkeit der Welt, des Raumes
und der Zeit!

Unsere Unendlichkeit besteht jedoch aus unendlich vielen
Endlichkeiten,

DENN:

Wir haben in der nicht-fassbaren Unendlichkeit einen Platz gefunden,
der mit unserer Endlichkeit die Unendlichkeit vorstellbar macht
und damit ein Lichtblick für unsere Vergänglichkeit ist.

Der Raum

Als Zimmer oder Unterkunft ist er uns vertraut,
wir sind von solchen Räumen in unseren Dörfern und Städten umgeben
und stimmen Schiller zu, dass Raum in der kleinsten Hütte ist.

Der bebaute Raum hat äußere Begrenzungen
während riesige Räume noch erkundet werden wollen.

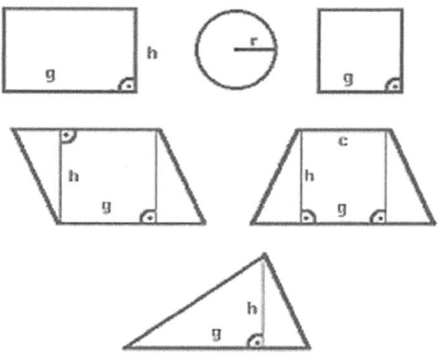

Wir kennen ihn als aber auch als Zwischenraum, Spielraum, Luftraum, Meeresraum
sowie als Raum einer Region.

Der luftleere Raum ist physikalisch gesehen ein Vakuum,
umgangssprachlich lebt man dann im luftleeren Raum wenn der Bezug zur Realität fehlt.

Eine Idee wird in den Raum gestellt,
der Raum wird einem genommen, wenn man physisch oder psychologisch bedrängt wird,
den Raum streitig machen oder aus dem Raum schmeißen,
ist die Ursache vieler Konflikte und führt zu Kriegen.
Wir lassen etwas im Raum stehen, wenn es unerledigt bleibt oder nicht beantwortet wird
und schaffen Raum, indem wir etwas klären und aufräumen.

Wir finden raumsparende Lösungen,
während manche Themen oder auch Menschen einen zu breiten Raum einnehmen.

Der freie Raum ist auf dem Spielfeld nicht gedeckt,
viele Menschen leben auf engem, engsten Raum.

Den Raum teilen kann zu Konflikten führen,
aber auch Kontakte, Freundschaft sowie Bindungen fördern.

Mit dem Raumanzug fliegen wir in den Weltraum,
den unendlichen Raum ohne Grenzen spüren.

Raum und Zeit sind Grundfragen in der Philosophie, Kosmologie, Mikrobiologie,
Physik und Mathematik.

Der Anteil des Raumes im Universum ist ungleich größer als der Anteil der Materie,
das Atom sowie das Universum bestehen zu 99,999999% aus leerem Raum.
Heute versucht die Kosmologie den leeren Raum des Universums zu erforschen
und findet immer kleinere Teilchen die im Raum beheimatet sind.
Immer wieder sind wir erstaunt wie klein doch unser Horizont ist,
wie wenige Kenntnisse wir trotz unseres großen Wissensschatzes haben.

Wie vertraut sind uns die unterschiedlichen Räume?
Kennen wir die „Innen"räume, die Räume in uns?

Der Raum selber ist erhaben in seiner Größe und unantastbaren Würde.
Wir füllen ihn mit unseren Begriffen ohne seine unfassbare Größe zu erfassen.

Was ist er? Wie ist er?
Warum und weshalb ist er?
Ist er außen oder auch innen?
Hat man ihn oder hat man ihn nicht?
Gehört uns der Raum?
Wie beständig ist der Raum?
Warum macht uns der Weltraum Angst?

Der Raum beinhaltet das Ganze sowie das Nichts.

MANDALA

Seit Jahrtausenden dient es dem spirituellen Ausdruck der Kulturen,
ob im fernen Osten, im indianischen Kulturkreis oder im Westen.
Mit seinem geometrischen Schaubild beschreibt es wörtlich:
Das, was einen Mittelpunkt umkreist.

Der innere Leitfaden ist bildhaft geworden,
er zeigt sich in Mustern und Farben,
gleichzeitig die Symmetrie beinhaltend und sprengend,
indem es alle Ausdrucksformen erlaubt.

So lebt es in allen Formen und Farben,
unbegrenzt in der Vielfältigkeit seiner Erscheinung,
zur Kontemplation und Meditation inspirierend.

Es fördert die Kreativität,
lässt uns eintauchen in die Dimensionen von Farben und Symbolen,
lädt uns ein, Vernetzungen auf allen Ebenen herzustellen.

Es entmachtet das gewohnte Denken, befreit von eingefahrenen Strukturen,
fördert gleichzeitig das Eintauchen in die Tiefe der Symbole, Formen und Geometrie,
der Alchemie sowie den Gesetzen des Universums.

Das äußere Mandala wird als Symbol des Sonnensystems und der Galaxie verstanden,
entscheidend ist, dass das Mandala hilft, Lehren, Vernetzungen
zu verstehen, um Zugang zu der nächsten Erkenntnisstufe zu erlangen.

Der Weg ist das Ziel.

Positive Kraft und Konzentration zu fördern, ist eine seiner zahlreichen Aufgaben,
es unterstützt die Reinheit der Motivation,
es durchbricht die jetzige Verstehensweise,
erweitert das Wahrnehmungsspektrum der Sinne,
reinigt Körper, Geist und Seele,
so kann die Wahrheit verstanden
und eine Verbindung zum Licht hergestellt werden.

Mandalas dienen geistiger wie emotionaler Stabilität,
reinigen mentale Unklarheiten,
führen zu Erkenntnisprozessen, die weit über den eigenen Tellerrand hinausragen.

Als Energietropfen des Traumzustandes, des tiefen Schlafes,
des klaren Wachzustandes sowie in der Vernetzung mit dem Licht
durchdringen sie die vielen Schichten des Seins
und führen zu einer inneren und äußeren Klarheit.

Mandalas sind die ultimative Herausforderung des Seins,
die universellen Gesetze des Kosmos zu erfahren.
Als Repräsentant des Universums
können auch die Rosettenfenster unserer Kirchen als Mandalas gedeutet werden,
da auch hier die Verbindung zum Licht eine zentrale Bedeutung spielt.

Fensterrose der Notre Dame

In Mexiko gibt es den Tag der Toten Sandmandalas.
In vielen östlichen wie westlichen Häusern schmücken sie
als Wandteppiche die Häuser
und verbinden den Betrachter mit dem Mittelpunkt.
dem universellen sowie dem eigenen Zentrum.

Die Wiederholung von Mandalas führt zum gewünschten Ergebnis,
das Leid wird dadurch vermindert,
die Ich-Bezogenheit verringert,
die Grenze zwischen der Körperidentifikation und der Raumverbindung
erweitert und überschritten.

Eine neue Identitätserfahrung in der Vernetzung mit den Elementen
sowie dem Kosmos wird erreicht,
das persönliche Leiden wird somit überwunden.

Mexikanisches Sand Mandala

Inhaltsverzeichnis

Bibliographie Christa Muths:

Diplomarbeit Johann-Wolfgang-Goethe Universität Frankfurt/M.
„Zum Menschen- und Gesellschaftsbild von Sigmund Freud" (1976)

Thesis London School of Economics: „Comparative Studies of Domestic Violence" (1984)

„Farbherapie; Mit Farben heilen – der sanfte Weg zur Gesundheit"
Heyne Verlag München (1989)

„Cromoterapia. L'uso dej colori per la cura del copro e della psiche"
Edizioni Mediterranee Roma (1989)

„Heilen mit Farben, Bildern und Symbolen"
Simon und Leutner Berlin (1993)

„Die 5 Elemente. Das Geheimnis ihrer Wirkung auf Mensch und Natur"
Simon und Leutner Berlin (1994)

„Seelenküche, Rezepte für Leib und Seele;
espacio London (1994)

„Kolorowa terapie. Łagodna droga do zdrowia. Oficyna Wydawnicya SPAR Warzawa (1994) – auch in Koreanisch, Autorin hat leider kein Belegexemplar

„Farbmedizin, Licht und Farbe sind Ausdruck der lebendigen Heilkraft von Schwingungsmedizin";Video, *espacio* Media London (1995)

„Farbtherapie", Heyne Mini München (1998)

„Heilen mit der Kohärenz des Lichtes"; *espacio* Southampton
„Healing with the coherence of light"; *espacio* Southampton

„Neues aus dem Regenbogenland"; tredition Verlag Hamburg (2014)
„News from the Rainbow World"; tredition Verlag Hamburg (2014)

„Dimensionen der Farben. Meditationen zur Kohärenz von Körper, Geist und Seele; tredition Hamburg (2014)

„Der (Un-)Vergessene Widerstand – Die Helden des Alltags"; tredition Hamburg (2014)

Darüber hinaus sind weltweit unzählige Artikel von Christa Muths erschienen. Nachfolgend eine Auflistung der Magazine, in denen die Autorin publizierte:

Nexus Magazine Australien

Nexus Polen

Ravensbuch Deutschland

Herbdatanz New Zealand

Green Spirit Great Britain

Alternative Gesundheit Deutschland

Trans4mind Frankreich

Als freie Journalistin schrieb sie Filmkritiken und Berichte u.a. auch für das Konkret-Magazin, Deutschland und die Deutsche Volkszeitung.

Zeitfracht Medien GmbH
Ferdinand-Jühlke-Straße 7
99095 Erfurt, Deutschland
produktsicherheit@kolibri360.de

FSC
www.fsc.org

MIX

Papier | Fördert
gute Waldnutzung

FSC® C083411